이게 뭐야¿?

코드 사용법

스마트폰으로 QR코드를 스캔하면 각종 정보를 제공받을 수 있습니다.

이게 뭐야¿?

발행일 2015년 12월 28일

지은이 정 혜 윤
펴낸이 손 형 국
펴낸곳 (주)북랩
편집인 선일영 편집 김향인, 서대종, 권유선, 김성신
디자인 이현수, 신혜림, 윤미리내, 임혜수 제작 박기성, 황동현, 구성우
마케팅 김회란, 박진관, 김아름
출판등록 2004. 12. 1(제2012-000051호)
주소 서울시 금천구 가산디지털 1로 168, 우림라이온스밸리 B동 B113, 114호
홈페이지 www.book.co.kr
전화번호 (02)2026-5777 팩스 (02)2026-5747

ISBN 979-11-5585-808-0 03370(종이책) 979-11-5585-809-7 05370(전자책)

4~5세만을 위한
세상에 없던
맞춤 교육
음성지원
QR코드 삽입
이게뭐야?
유아 두뇌 발달의 선구자 가드너의 다중지능(MI) 이론을
바탕으로 한 상위 1% 융합교육서
정혜윤 지음
북랩 book Lab

다중지능 이론이란

다중지능(Multiple Intelligence)?

다중지능 이론은 미국 하버드대학의 하워드 가드너 교수가 1983년 출간한 '마음의 돌' 이라는 저서에서 발표한 새로운 지능의 개념으로 , 기존의 IQ 이론을 뒤집으며 미국의 교육계와 심리학계에 새로운 충격을 주었다.

가드너 교수는 지능의 8가지 영역을 새롭게 조명하였는데, 하워드 가드너 교수는 다중지능이론을 통해 기존의 문화가 지능을 너무 좁게 해석하고 있으며, 단일한 능력이 아니라 다수의 능력이 인간의 지능을 구성하고 있다고 주장한다.

지난 100년이 넘게 사용해온 IQ 검사는 주로 언어 및 수리와 관련된 두뇌의 기능을 측정한 것으로, 가드너는 IQ 점수가 함축하고 있는 의미보다 넓은 시각에서 인간의 잠재적 능력을 탐구하고 있다.

이를 바탕으로 다중지능은 조기에 개인의 감정을 파악하며 성공적으로 적성을 살릴 수 있도록 함과 동시에 잠재능력의 탐색 및 개발이라는 측면에서 교육계는 물론, 각종 연구기관, 직업 및 적성 관련 업계 등에 이르기까지 상당한 주목을 받고 있다.

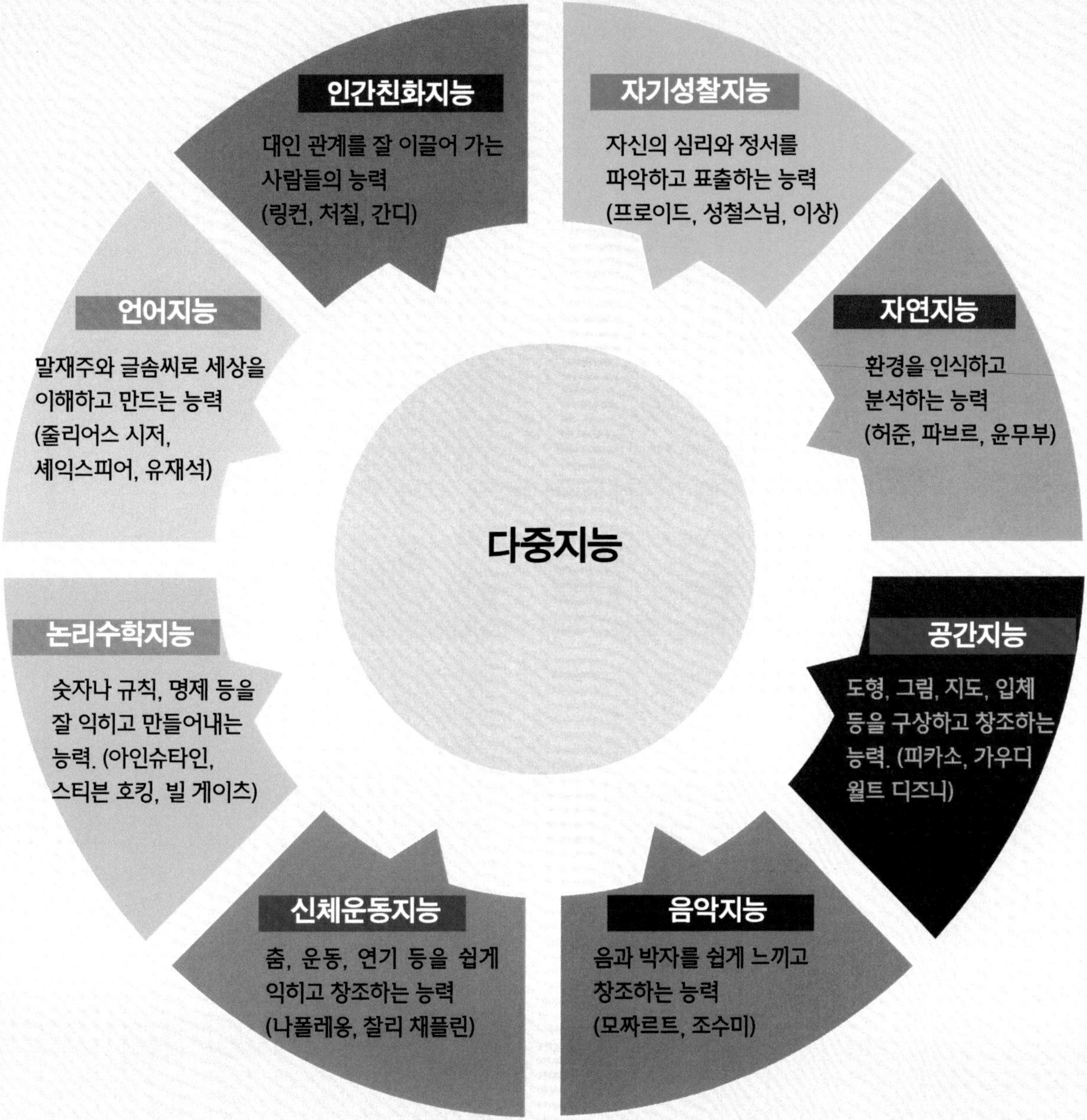

다중지능

인간친화지능

대인 관계를 잘 이끌어 가는 사람들의 능력 (링컨, 처칠, 간디)

자기성찰지능

자신의 심리와 정서를 파악하고 표출하는 능력 (프로이드, 성철스님, 이상)

자연지능

환경을 인식하고 분석하는 능력 (허준, 파브르, 윤무부)

공간지능

도형, 그림, 지도, 입체 등을 구상하고 창조하는 능력. (피카소, 가우디 월트 디즈니)

음악지능

음과 박자를 쉽게 느끼고 창조하는 능력 (모짜르트, 조수미)

신체운동지능

춤, 운동, 연기 등을 쉽게 익히고 창조하는 능력 (나폴레옹, 찰리 채플린)

논리수학지능

숫자나 규칙, 명제 등을 잘 익히고 만들어내는 능력. (아인슈타인, 스티븐 호킹, 빌 게이츠)

언어지능

말재주와 글솜씨로 세상을 이해하고 만드는 능력 (줄리어스 시저, 셰익스피어, 유재석)

가이드

이 책은 하워드 가드너의 MI(다중 지능 이론)를 바탕으로 만들어진, 유아 지능 발달을 위해 태어난 책입니다. 이 책은 살아 있는 교육을 말합니다. 유아 스스로 음악이자 자연이 되어 사물과 현상을 경험, 융합하여 탄력적 사고를 함으로써 두뇌 발달의 극대화를 꾀할 수 있습니다.

각 주제의 〈준비〉 란을 보면 세상에서 가장 멋진 '나', 예쁜 엄마 목소리, 봄 냄새 등이 등장합니다. 이렇듯 상상력 없이는 이 흥미로운 놀이에 동참할 수 없답니다. 최고의 상상력과 응용력으로 자녀와 함께 곤충의 다양한 먹이에 대하여 이야기하고, 자연을 소리로, 몸으로 표현할 수 있습니다. 또한 음악을 숫자로 나타내기도 하지요.

그렇게 하다 보면 어느새 다중 지능의 모든 영역(논리수학 지능, 언어 지능, 공간 지능, 자기 이해 지능, 대인 지능, 음악 지능, 신체 운동 지능, 자연 이해 지능)이 골고루 자극받게 됩니다.

부모를 세상에서 가장 훌륭한 교사라고 합니다. '스펀지 두뇌'를 가진 4~5세 어린이의 소중한 시기에, 부모가 다중 지능 발달 최고의 교사가 되어 주세요

부모님의 이해를 돕고자 이 책의 각 월마다 QR코드를 넣어 듣기도 가능하도록 하였습니다.

주제에 맞게 실내가 아닌 야외, 숲, 공원 등 다양한 곳에서 이 책을 활용한다면 최고의 두뇌 발달 시간이 될 것입니다.

머리말

24년간 학생을 가르쳐 오면서 요즘 느끼는 점은 언제부터인가 같은 연령의 아이들이 점점 똑똑해지고 있다는 것이었다. 모든 면에서 발달했으며 무엇이든 빨리 받아들인다. 이해도, 정확도도 향상되었음을 피부로 느낀다. 그러던 어느 날 4세 여자아이를 유모차 태워 끌고 학원 안으로 들어오는 부모님을 마주하게 되었다. 한글도 아니, 모국어도 제대로 모를 그 유아에게 부모는 '교육'을 해 주고 싶었던 것이다.

4세에겐 4세에 꼭 필요한 교육이 있을 테고 5세에겐 5세가 꼭 받아야 할 교육이 있을 것이다. 그렇게 '유아교육'을 생각하기 시작했다. 하버드 대학 심리학 박사 하워드 가드너(Howard Gardner)의 다중 지능(Multiple Intelligences) 이론을 바탕으로, 10여 년간 공부해온 유아 음악, 유아 생태 교육을 통합하여 하나의 교육 프로그램으로 탄생시켰다.

프로그램이 저작권 등록이 되던 그날의 기쁨을 지금도 잊을 수 없다. 말 그대로 '세상에 없던' 교육인 것이다. 교육자로서 가장 잘한 일이며 스스로 아주 떳떳하고 뿌듯한 날이었다.

여기저기 소문으로 듣는, 아니면 TV에서 나오는 엄친아, 엄친딸의 열쇠는 바로 유아 시기에 있다고 확신한다. 바람이 불면 방향을 생각하고, 바람으로 소리 내는 플루트를, 그것의 재료인 금, 은을 궁금하게 만드는 살아 있는 교육이다.

4~5세만을 위한 4~5세만이 할 수 있는, 세상에 없던 교육을 선물한다.

정혜윤

차례

주제곡 QR코드

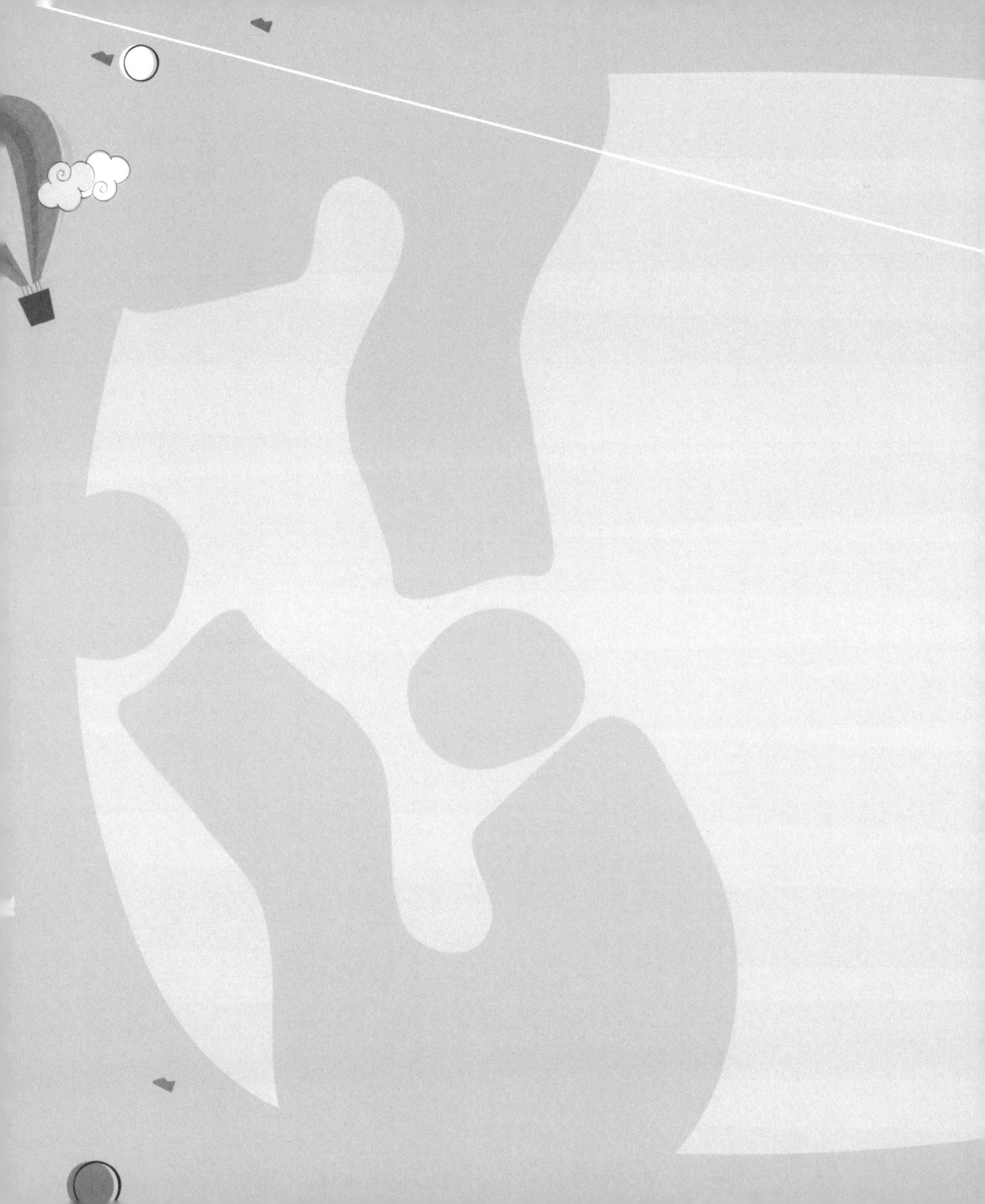

봄

두뇌 활동 극대화

MI 다중 지능 영역별 그래프

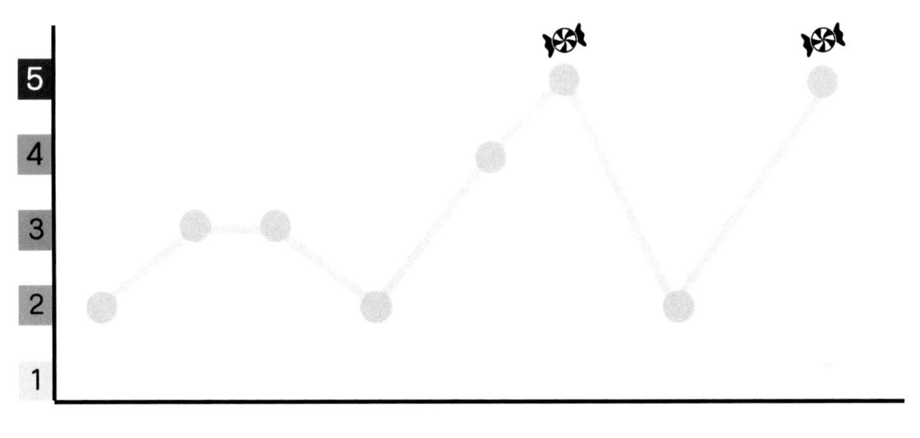

기대 효과
한 박자와 반 박자를 인지하고 몸으로 표현할 수
있으며 소리로도 표현할 수 있다.
숲 친구들에게 봄 인사를 건넨다.
음악 주제
Walking ♩♩
Running ♪♪
준비
세상에서 가장 멋진 '나', 봄 냄새,
예쁜 엄마 목소리,
부드러운 아빠 목소리

봄이다
이른 봄 숲에는
어떤 친구들이 살고 있을까?
봄 인사하러 출발

입으로도 말해요

♩ ♩ ♩ ♩
Walking Walking
Walking Walking

개구리가 있어요
빨리 봄 인사하러 가자

♪ ♪ ♪ ♪
Running Running

입으로도 말해요

Running Running

♪ ♪ ♪ ♪
Running Running

다 왔다

그런데 개구리가

물속에 알을 낳고

도망을 가 버렸답니다

동글 동글

까만 개구리 알

안녕

♩ ♩ ♪ ♪
Walking과 Running 을
나무, 돌멩이 등으로 두드려 소리 내어 보고
소리에 맞춰 숲을 산책해요
내 몸속의 박자 친구를
발견할 수 있답니다
개구리 알 모양 젤리를 맛보고
그림도 그려 봐요

MI 다중 지능 영역별 그래프

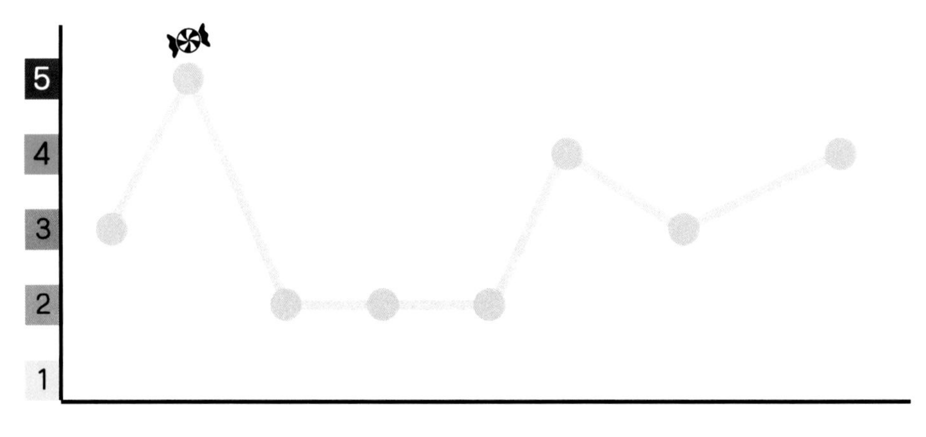

음악 주제

𝅗𝅥 𝅝

기대 효과

두 박자와 네 박자를 인지하여 몸으로 표현할 수 있고 소리로도 표현할 수 있다.
맛있는 봄.

자연 주제

온몸으로 만나는 봄

준비

엄마 손, 예쁜 내 입,
따뜻한 물, 쑥, 꿀

맛있는 봄향기 따라
숲에 왔어요
흙 위의 초록색 풀에서
봄 향기가 나요

𝅗𝅥 𝅗𝅥
크응 크응
아, 맛있는 냄새

향기로운 초록 봄풀은
어떤 맛일까?

따뜻한 물에 풀을 넣고

- 하나 둘 셋 넷
- 하나 둘 셋 넷

앗, 뜨거워

다시

o 하나 둘 셋 넷
o 하나 둘 셋 넷

후루룩
음, 맛있는 쑥차

따뜻한 차를 마시거나
차가운 음료수를 마실 때
어떤 소리가 날까요?
말로 표현해 보아요

5월

MI 다중 지능 영역별 그래프

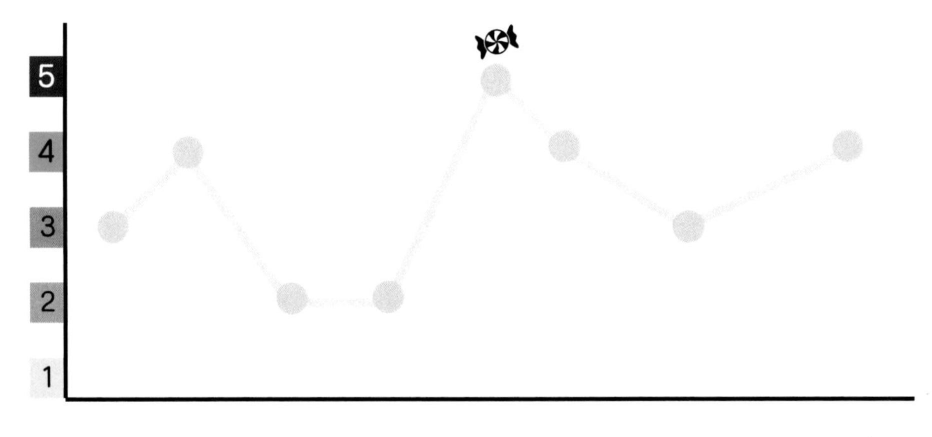

음악 주제

Skip Rhythm

기대 효과

다양한 봄풀을 만나 보고 Skip Rhythm을 깽깽이 뛰기를 이용해 습득

자연 주제

모여라, 꽃 친구

준비

튼튼한 다리, 가벼운 몸

초록색 풀 사이로
노란 애기똥풀 꽃이
수줍게 얼굴을 내밀었어요

우리 깽깽이 뛰기로
애기똥풀 만나러 가 볼까요

입으로도 말해요

우와
애기똥풀 꽃에서
노란 물이 나와요

엄마 손등에

톡톡　톡톡

친구 손등에

톡톡　톡톡

내 손등에도

톡톡　톡톡

물감놀이 어디에
또 해볼까요?
스케치북에
비닐에
돌멩이에
노란색 꽃
모두 모두 모여라

여름

두뇌 활동 극대화

월

MI 다중 지능 영역별 그래프

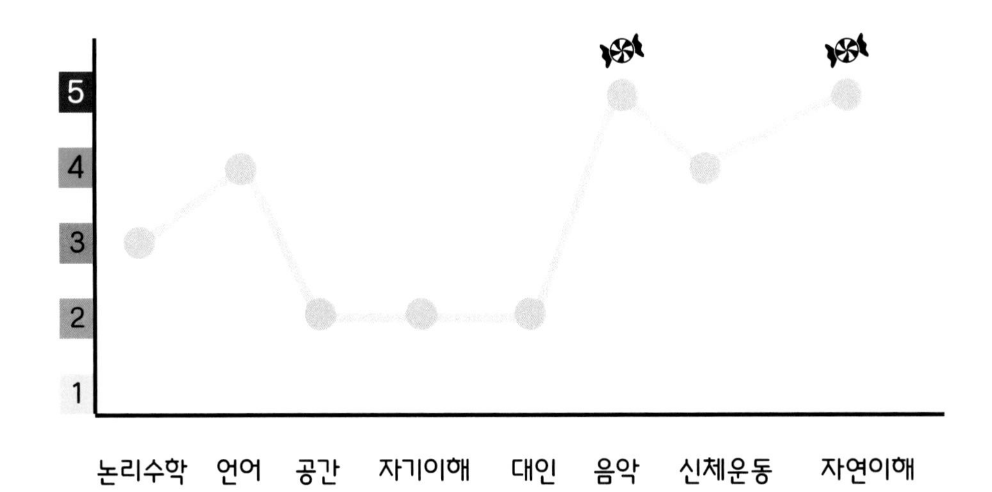

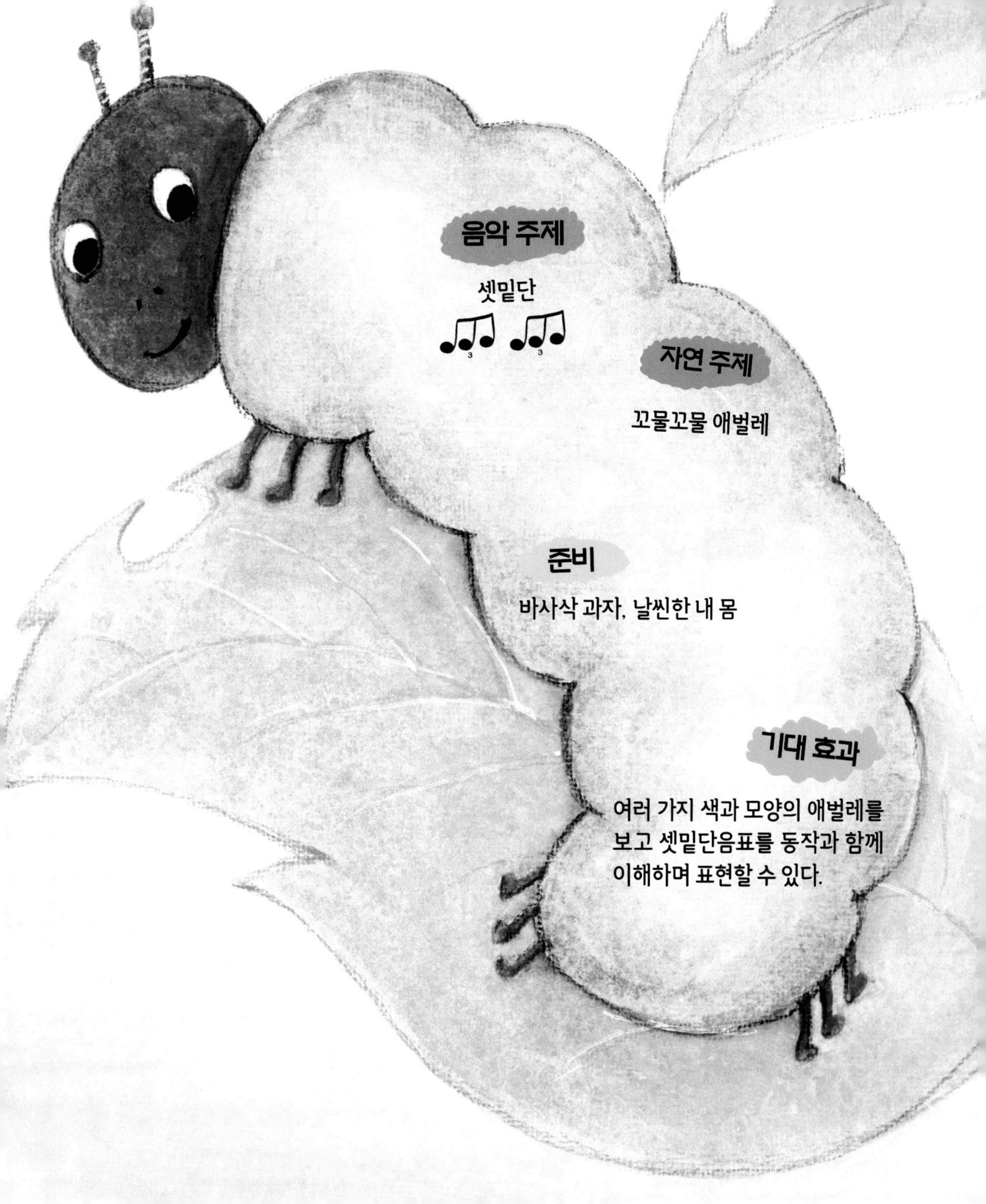

음악 주제
셋잇단
자연 주제
꼬물꼬물 애벌레
준비
바사삭 과자, 날씬한 내 몸
기대 효과
여러 가지 색과 모양의 애벌레를
보고 셋잇단음표를 동작과 함께
이해하며 표현할 수 있다.

바사삭 바사삭

어디서 나는 소리일까?

바닥에서 나는 소리?

아니야

꽃이 내는 소리?

아니야

나무에서 나는 소리?

맞아요 맞아요

바사삭

아하, 애벌레 소리

지금은 애벌레의

식사 시간이군요

바사삭 바사삭

맛있는 나뭇잎

애벌레는 어떻게 움직이나요?
몸통으로
허리로
다리로
팔로
손가락으로 흉내 내어 봐요

MI 다중 지능 영역별 그래프

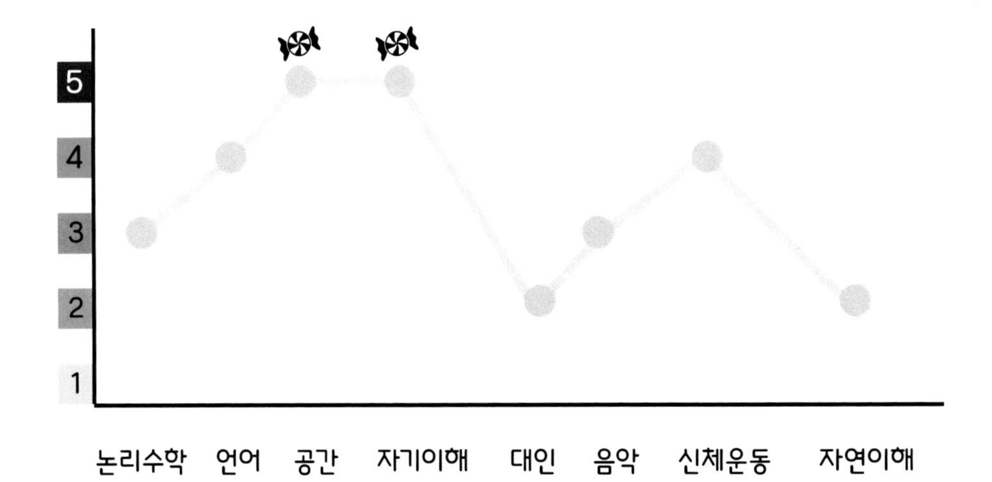

음악 주제
쉿
Jump
자연 주제
멀리뛰기 선수 소금쟁이
기대 효과
쉼표도 박자임을 이해하고
Jump로 밝은 기분을 표현해 본다.
소금쟁이의 움직임도 따라해 보자.
준비
큰 귀, 예쁜 입, 기다란 손가락

•　•
Jump　Jump
𝄽 쉿　𝄽 쉿

•　•
Jump　Jump
𝄽 쉿　𝄽 쉿

물 위의 멀리뛰기 선수
소금쟁이가 왔어요

물 위 낙엽에서도

Jump Jump

먹이 먹고

Jump Jump

𝄽 쉿 𝄽 쉿

8월

MI 다중 지능 영역별 그래프

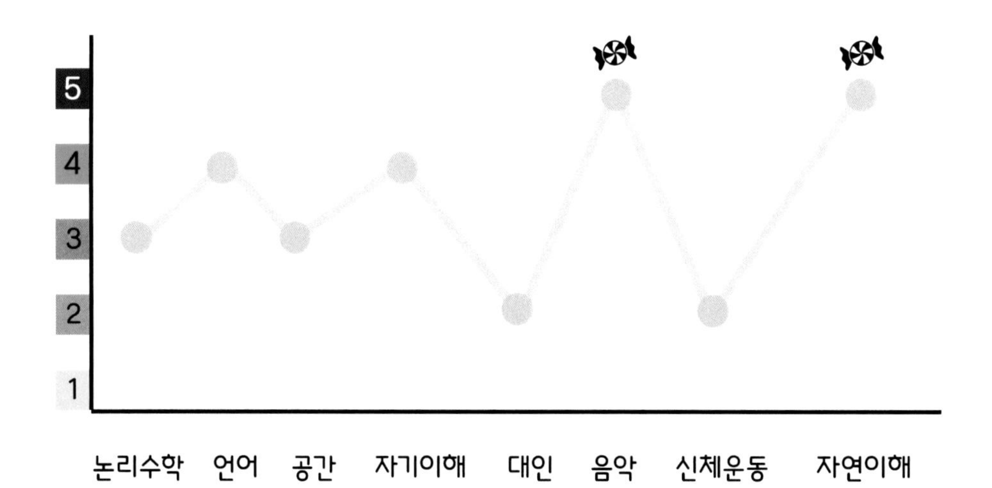

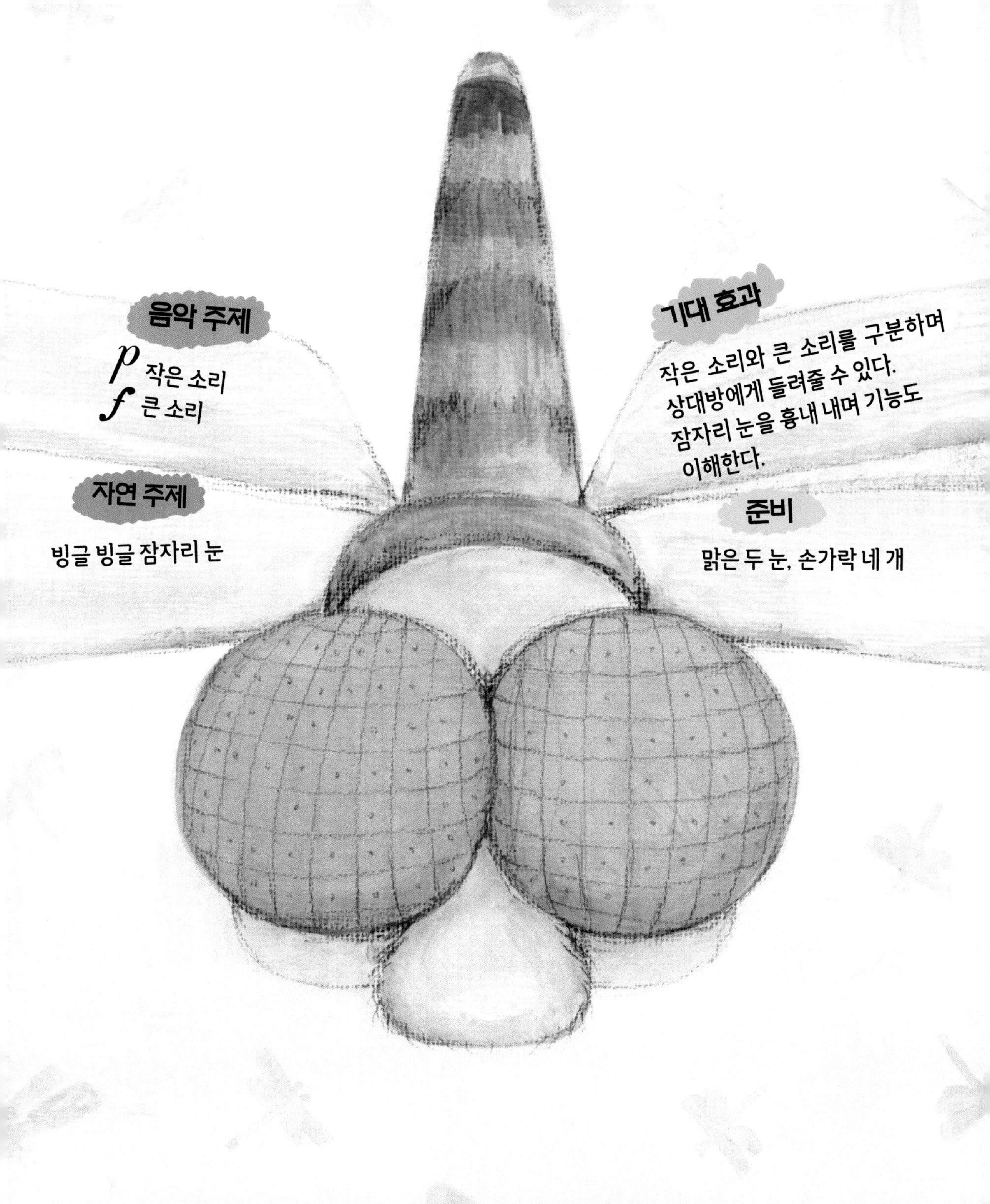

음악 주제
p 작은 소리
f 큰 소리
자연 주제
빙글 빙글 잠자리 눈
기대 효과
작은 소리와 큰 소리를 구분하며
상대방에게 들려줄 수 있다.
잠자리 눈을 흉내 내며 기능도
이해한다.
준비
맑은 두 눈, 손가락 네 개

p 춥

f 춥

p 춥

f 춥

이건 무슨 소리?

배고픈 잠자리가

작은 모기를 *p* 츕

p 살금 살금

p 츕

커다란 모기는 *f* 츕

p 살금살금 *f* 츕

맛있다!

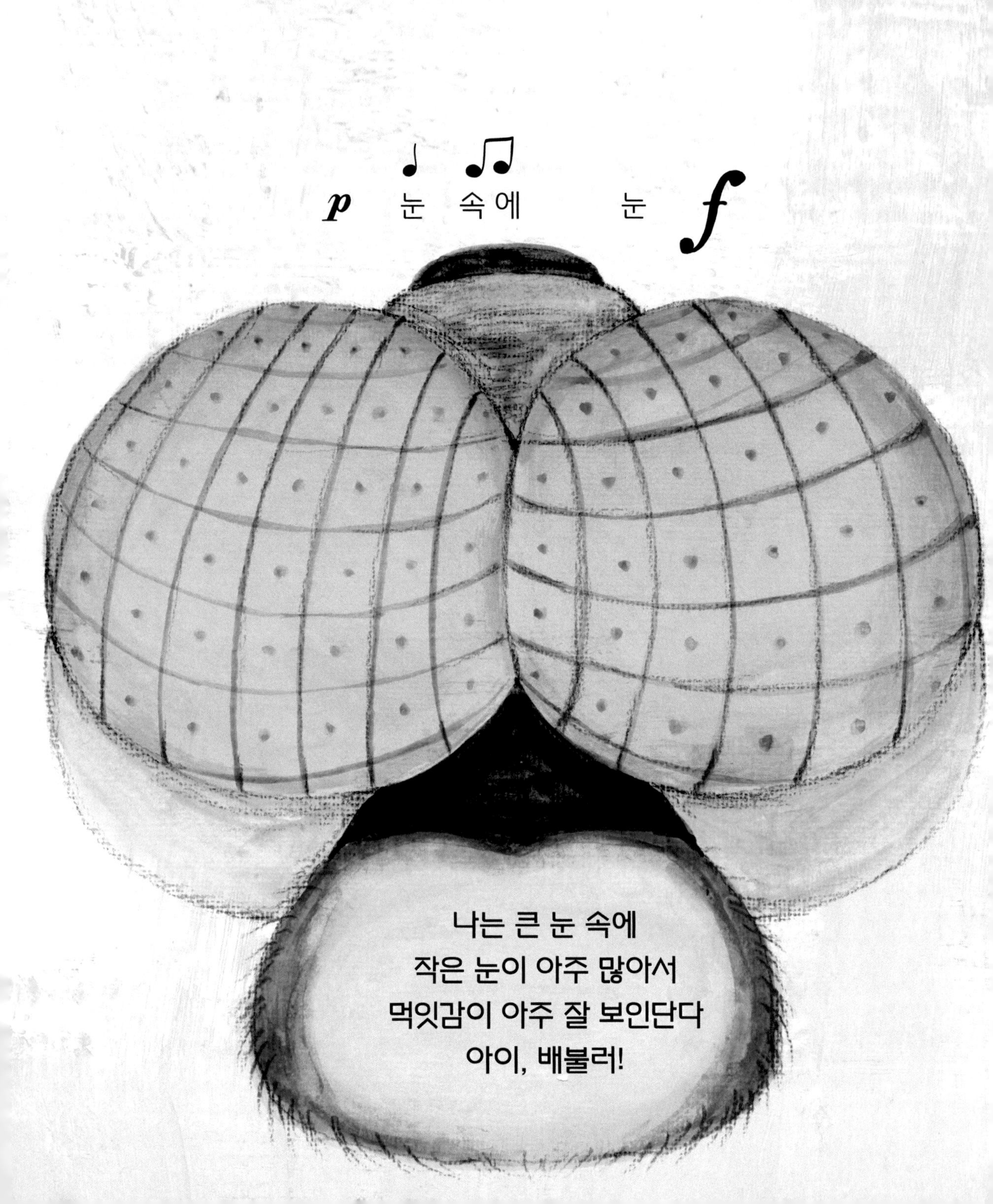
p 눈 속에 눈 f
나는 큰 눈 속에
작은 눈이 아주 많아서
먹잇감이 아주 잘 보인단다
아이, 배불러!

가을

두뇌 활동 극대화

MI 다중 지능 영역별 그래프

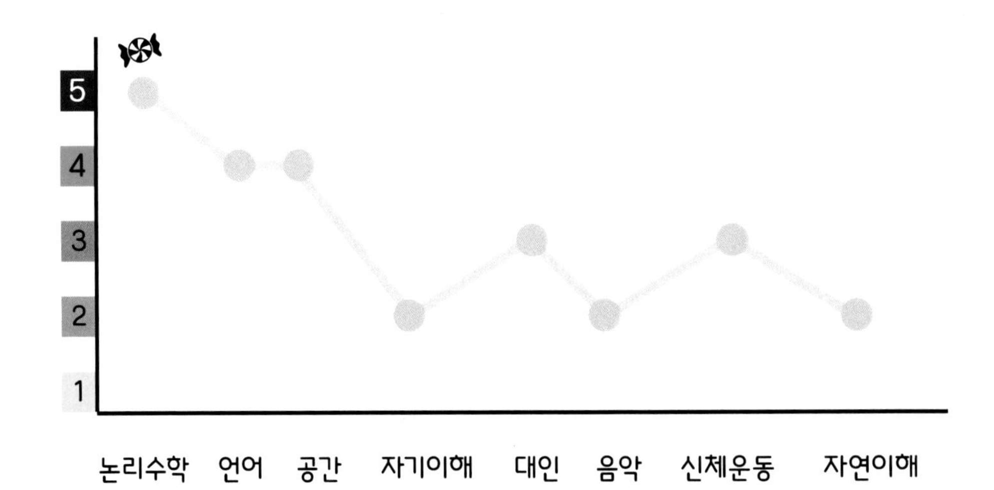

< 점점 크게

> 점점 작게

자연 주제

거미 배꼽, 거미줄

기대 효과

소리의 변화를 알아챌 수 있고
그 소리를 악기로 연주할 수 있다.
거미의 식생활을 알 수 있다.

준비

기다란 두 팔,
큰 목소리, 작은 목소리

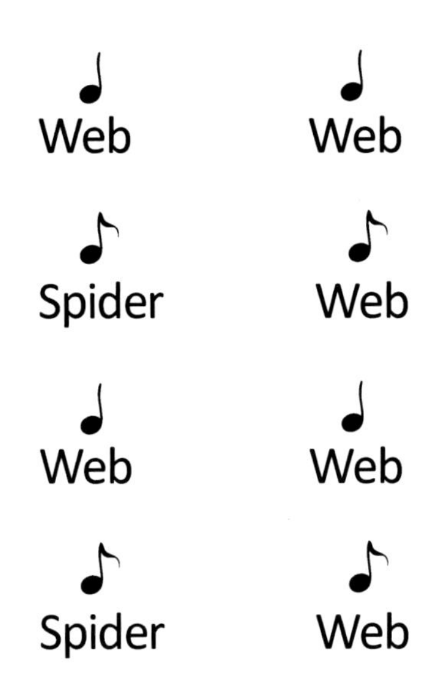

아하,

거미가 집을 짓고 있네요

배꼽에서 실을
주욱 주욱
계속해서
죽 죽 죽 죽

♪ ♪　♪ ♪
집 을　짓 자

♪ ♪　♪ ♪
집 을　짓 자

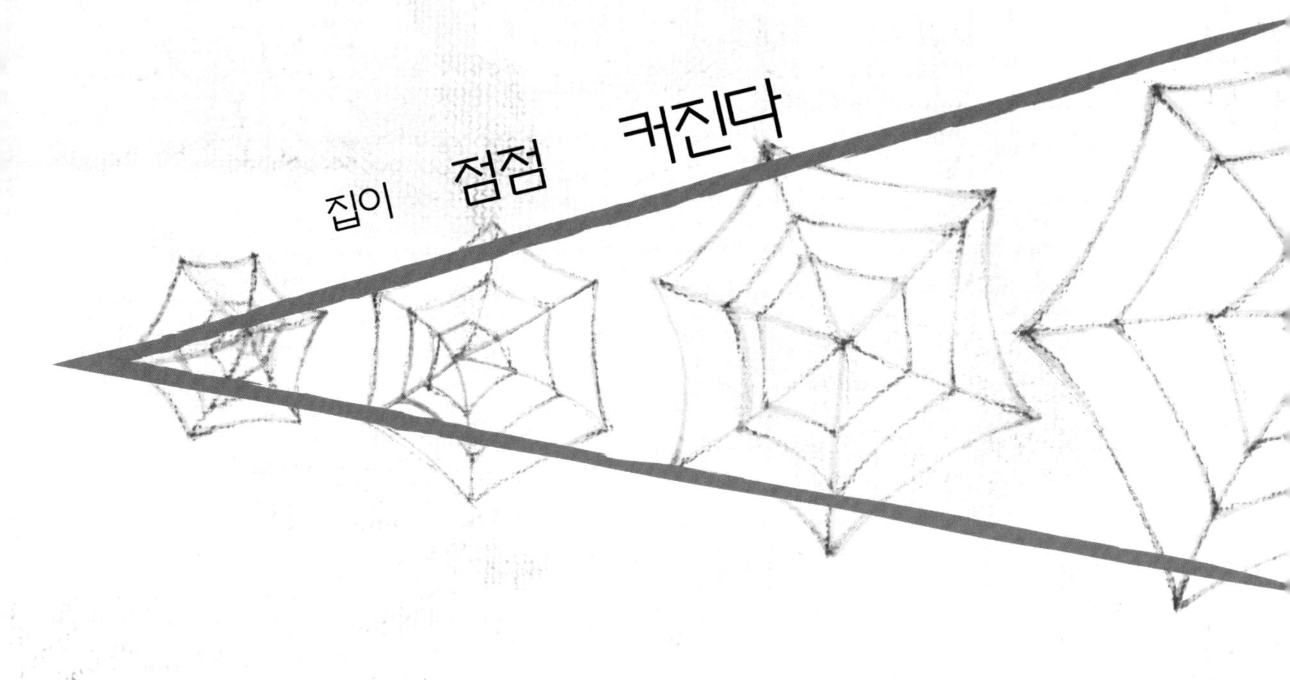

집이 점점 커진다

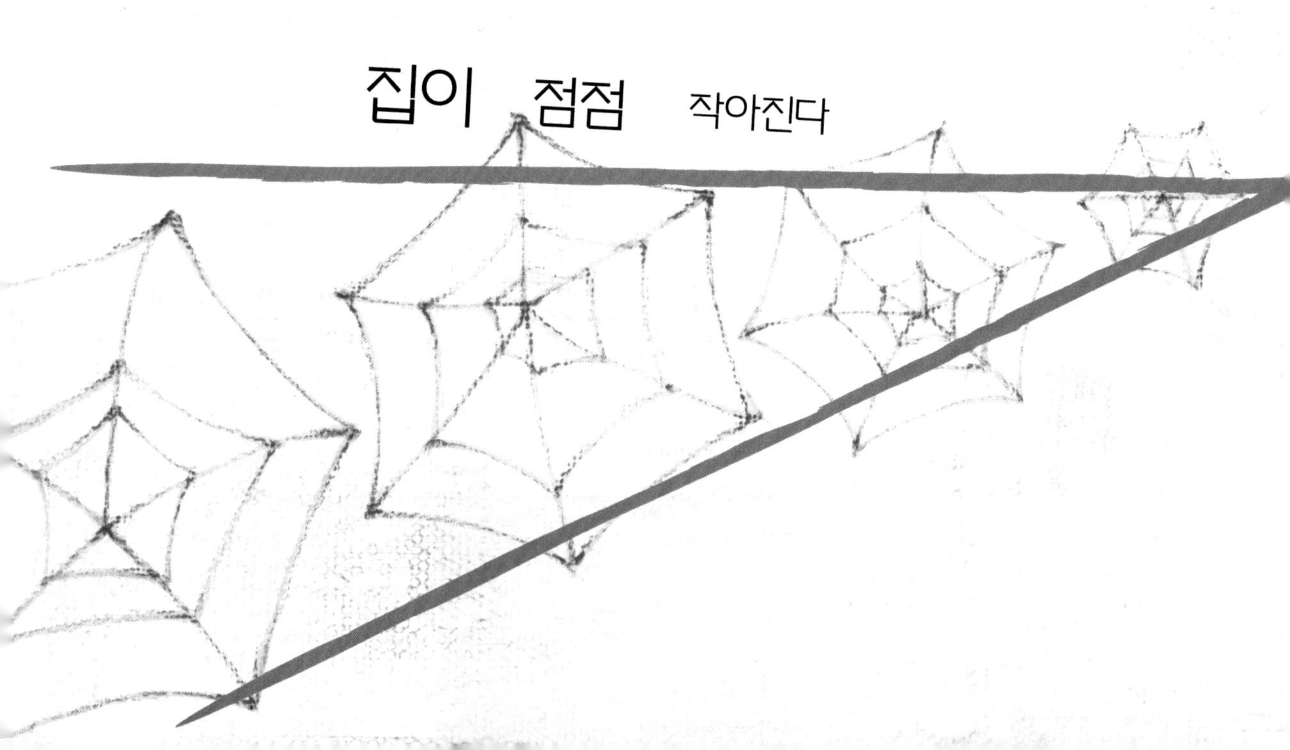

집이 점점 작아진다

두 팔을 점점 벌려
커져 가는 집
작아져 가는 집을 표현

다리로도
젓가락으로도
손가락으로
소리로도 다양하게
표현과 함께 소리내어 본다

10월

MI 다중 지능 영역별 그래프

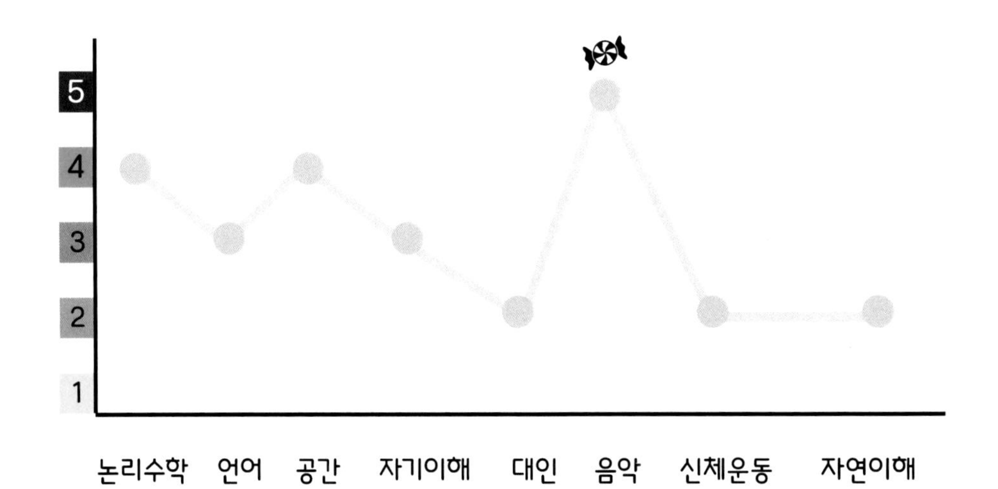

기대 효과

도레미 계이름을 음정으로 이해하고 상행 하행 차이를 인지하여 소리로도 표현할 수 있다. 가을이 주는 선물도 받아 보자.

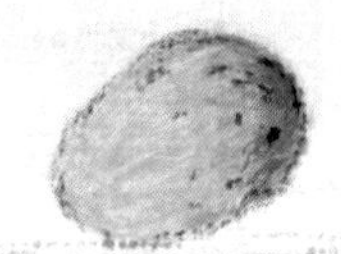

자연 주제

맛있는 열매

음악 주제

도 레 미 계이름 나무

준비

멋진 상상력
자유로운 두 손

♩ ♩ 𝅗𝅥
도 레 미

♩ ♩ 𝅗𝅥
미 레 도

게이름 나무 집에 놀러 가요

1층 도 친구는
고소한 밤을

2층 레 친구는
달콤한 대추를

3층 미 친구는
아삭한 사과를 주었지요

모두 나무가 주는
가을 선물이랍니다

계단 놀이 시작
1 층 도도 도
2 층 레레 레
3 층 미미 미
미미 레레 도

보이지 않는 계단도 있대요
보이지 않는 계단
우리가 만들어 볼까요?
손등 위에
예쁜 목소리를 얹어

월

MI 다중 지능 영역별 그래프

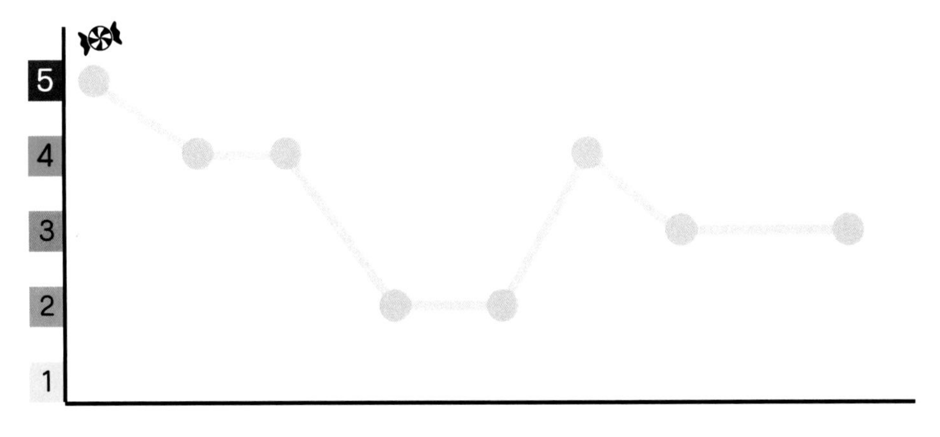

자연 주제

자연으로 물든 색색의
나뭇잎을 모아 퍼즐 놀
이로 두뇌 up up

음악 주제

미 파 솔

준비

작고 예쁜 발, 색색의 나뭇잎
찾을 반짝이는 눈,
계단 올라가는 손,
내려오는 목소리

기대 효과

새로 배우는 미 파 솔의 높이를
도 레 미와 연결시켜 음정을 알고
상행·하행 소리를 계단으로
표현할 수 있다.

어디 있니?
빨간 나뭇잎

어디 있을까?
노란 나뭇잎

어디에 있지?
갈색 나뭇잎

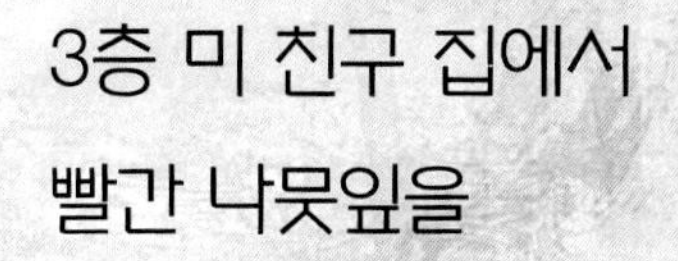

3층 미 친구 집에서
빨간 나뭇잎을

4층 파 친구 집에서
노란 나뭇잎을

5층 솔 친구 집에서
갈색 나뭇잎을 찾았답니다

계단 놀이 시작

올라 가는 계단

미 파 솔

내려 가는 계단

솔 파 미

잉 잉
나뭇잎이 조각 났어요

친구야 울지마
나뭇잎 조각을 맞춰 보자

갈색 나뭇잎
모여라

빨간 나뭇잎 모여라

노란 나뭇잎
모여라

나뭇잎 퍼즐 완성

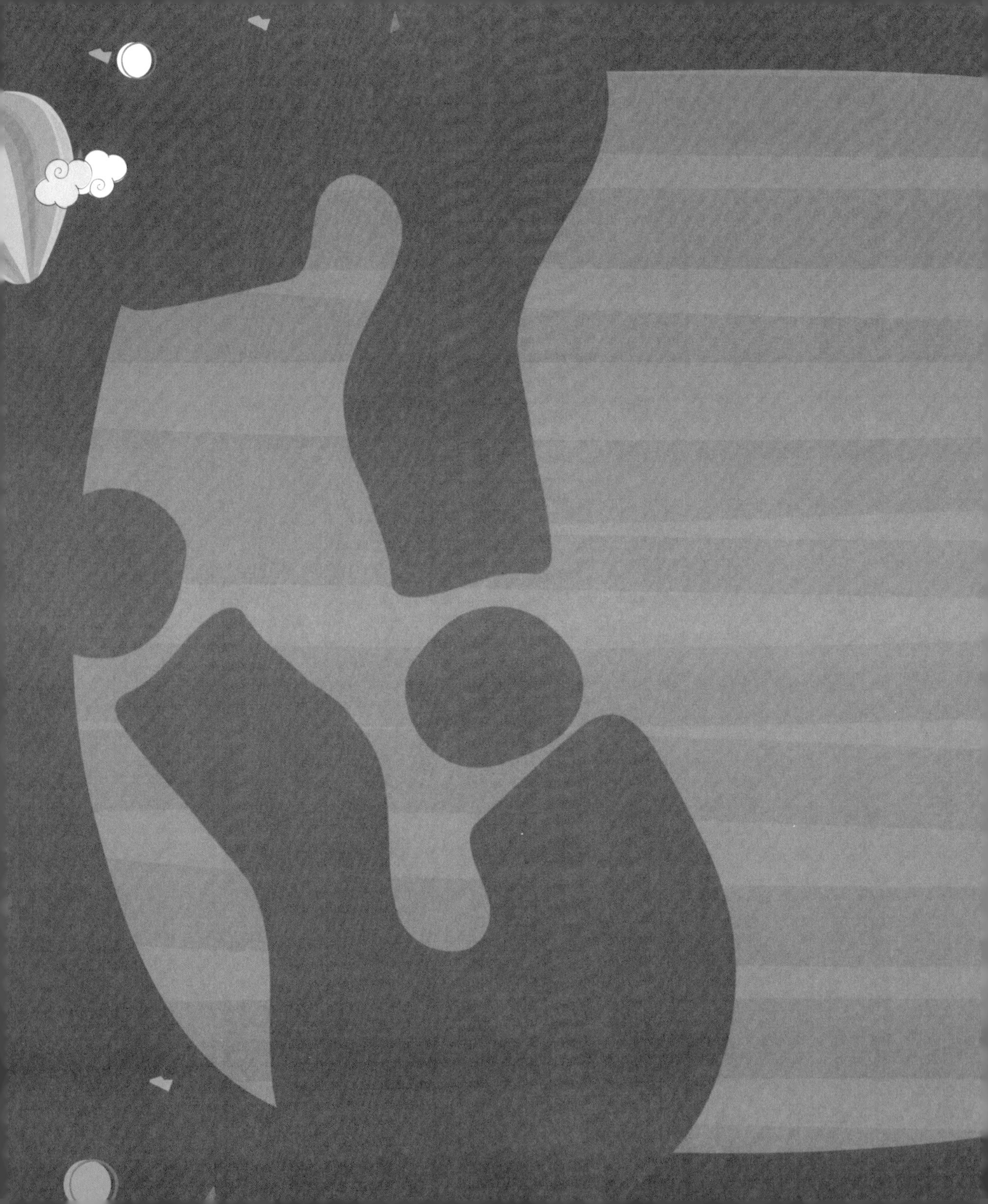

겨울

두뇌 활동 극대화

12월

MI 다중 지능 영역별 그래프

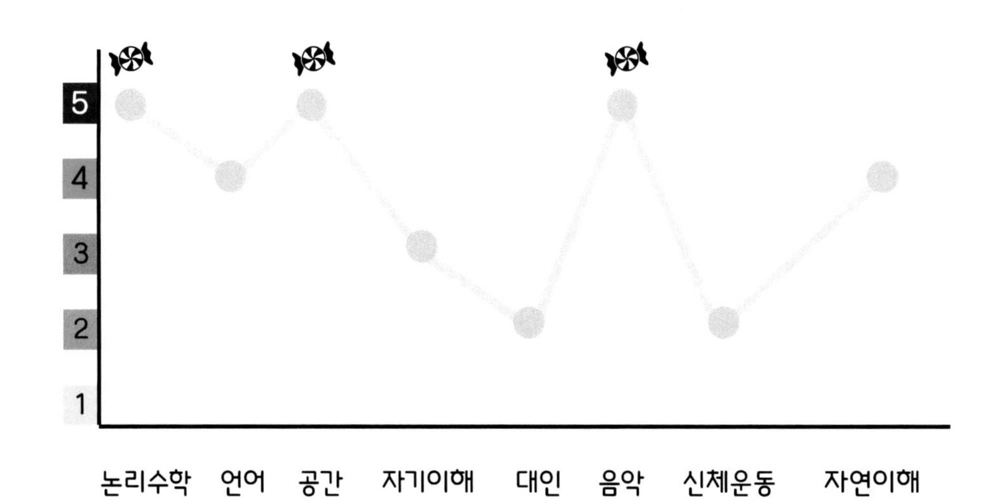

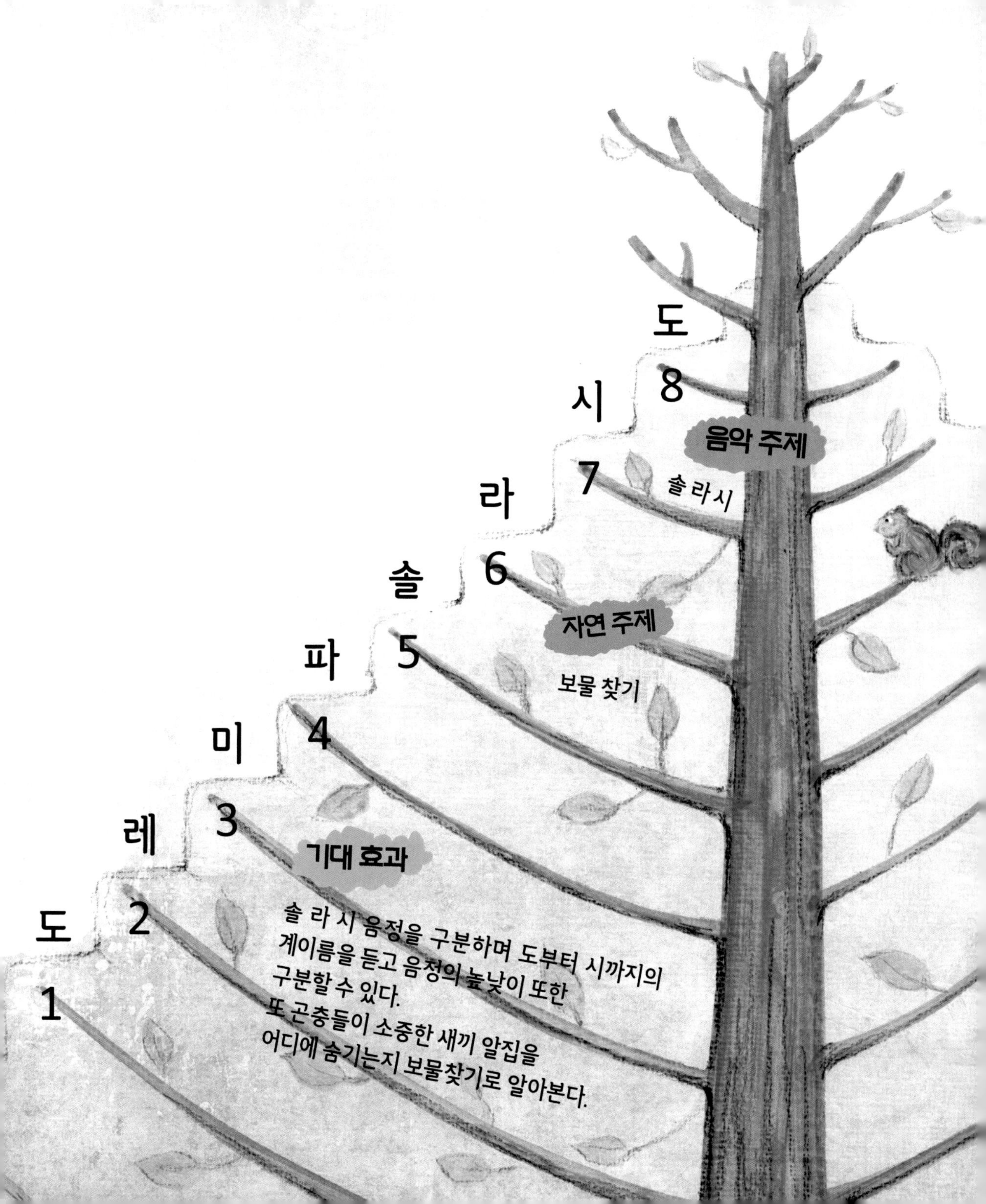
도
8
시
음악 주제
7
솔 라 시
라
6
솔
자연 주제
5
파
보물 찾기
4
미
3
레
기대 효과
도
2
솔 라 시 음정을 구분하며 도부터 시까지의
계이름을 듣고 음정의 높낮이 또한
구분할 수 있다.
또 곤충들이 소중한 새끼 알집을
어디에 숨기는지 보물찾기로 알아본다.
1

겨울 숲에
보물 찾으러 왔어요

깊은 겨울 숲
계이름 나무에
보물이 숨겨져 있대요

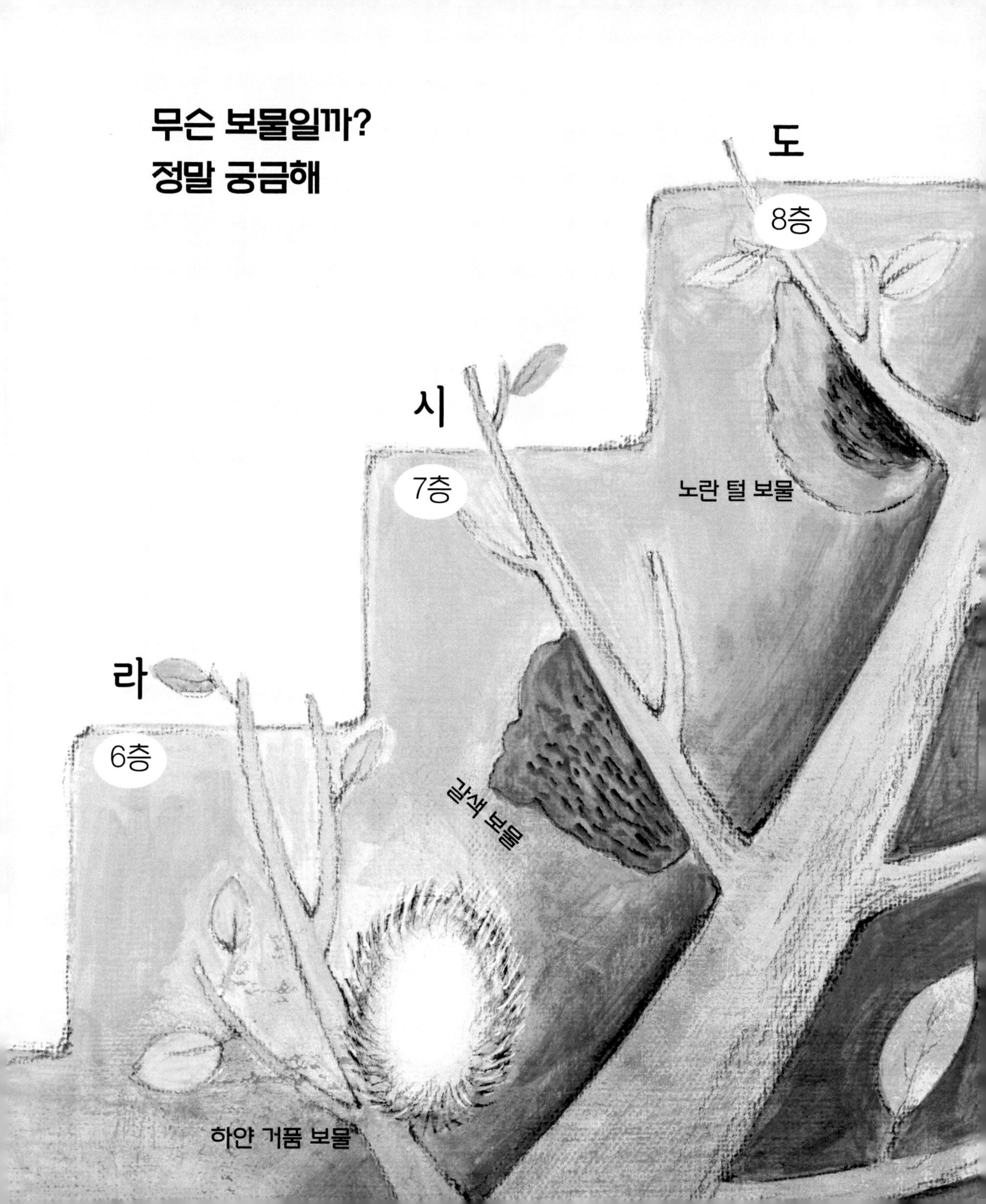
무슨 보물일까?
정말 궁금해
도
8층
노란 털 보물
시
7층
갈색 보물
라
6층
하얀 거품 보물

7 층 보 물 나와라

아 기 사마귀 나왔다

8층 보물 나와라

아기 나방 나왔다

올라 가는 계단

라 시 도

내려 가는 계단

도 시 라

월

MI 다중 지능 영역별 그래프

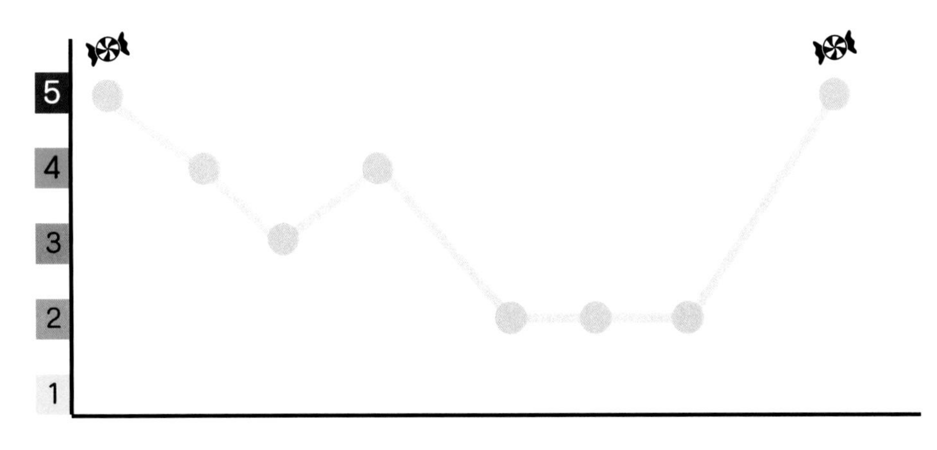

음악 주제
시 도 레
자연 주제
새집 짓기
준비
계이름 계단,
가벼운 몸,
나뭇가지
기대 효과
낮은 도부터 높은 도까지 인지하여
계이름을 자유로이 상행·하행 할 수
있다. 새들의 집짓기를 알아본다.

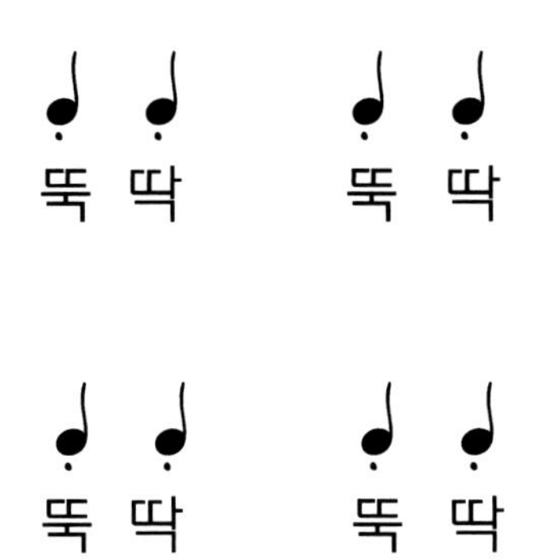

예쁜 겨울새야 뭐하니?

고니, 기러기, 콩새가
나뭇가지 물고 와
집을 짓고 있어요

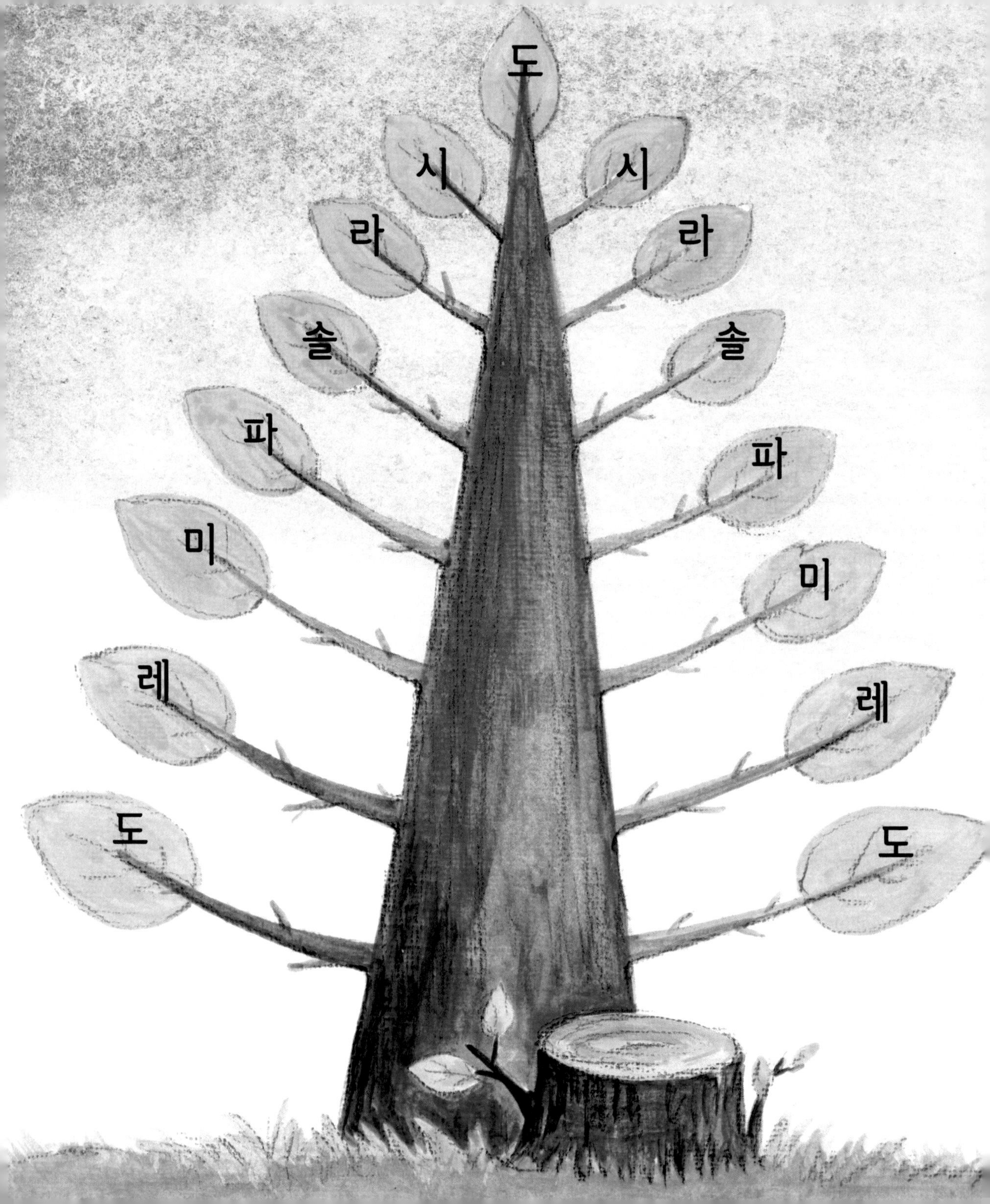
도
시
시
라
라
솔
솔
파
파
미
미
레
레
도
도

월

MI 다중 지능 영역별 그래프

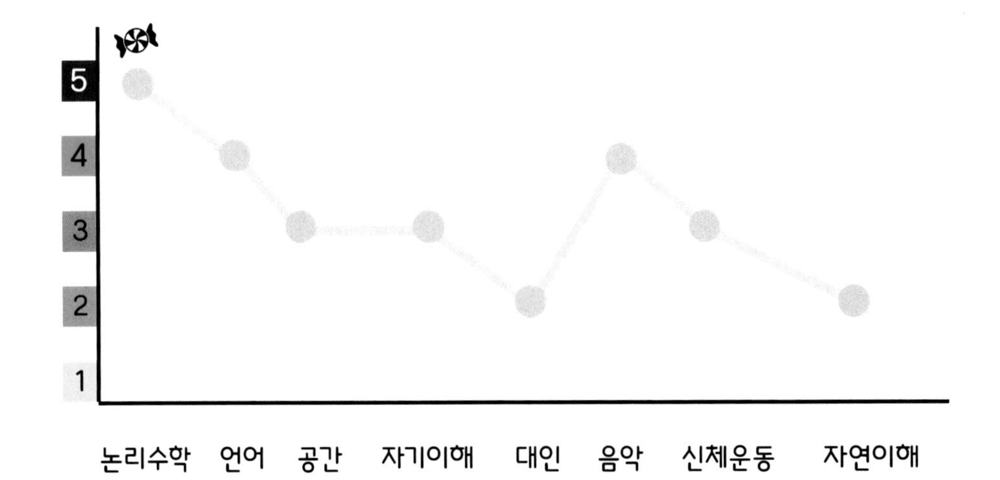

숲 음악회가 열렸어요
겨울잠 자고 있던 친구들도 모두 깨워
연주도 하고 나뭇가지로 지휘도 해봐요

숲속 친구야 어서 와

낙엽 밑 겨울잠 자던
친구들도 어서 와

나무 구멍 속 친구들아, 들리니?

ff

춥 춥 춥 춥

p *p*

p *p* 춤 춤

춤 춤

ff

바위 밑 친구들아, 들리니?

오늘은 지휘자가 되어 봐요
자, 나뭇가지를 들고
작은 소리는 조그맣게
큰 소리는 크게 흔들어요

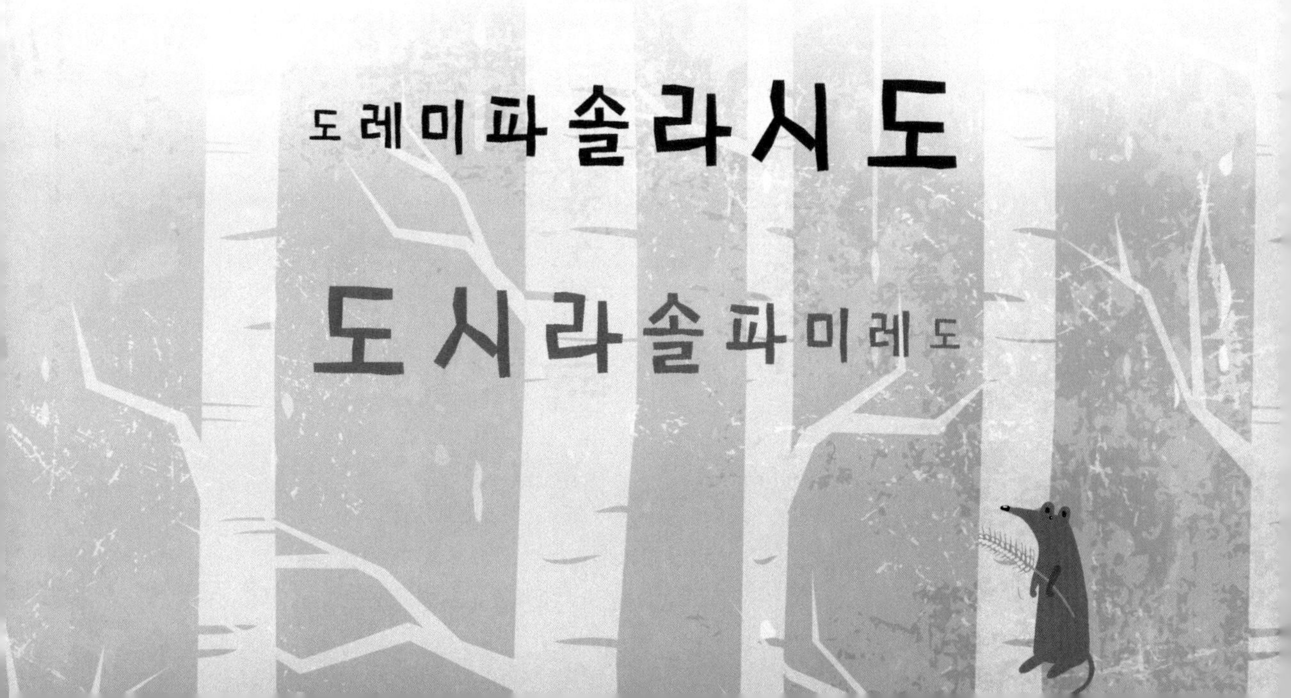

도 레 미 파 솔 라 시 도

도 시 라 솔 파 미 레 도